ABÉCÉDAIRE

RÉCRÉATIF,

ou

MÉTHODE AMUSANTE,

ORNÉE DE VINGT-SEPT JOLIES GRAVURES,

PROPRES À PIQUER LA CURIOSITÉ DES ENFANS ET À HÂTER LEUR
INSTRUCTION

À l'usage des maisons d'éducation.

A LYON,

CHEZ PERISSE FRÈRES, LIBRAIRES,
rue Mercière, n.° 33.

A PARIS,

DÉPOT DE LIBRAIRIE DE PERISSE FRÈRES,
place Saint-André-des-Arts, n.° 11.

Ce n'est qu'en amusant les enfans qu'on parvient à
classer dans leur mémoire les signes alphabétiques.

ABÉCÉDAIRE
RÉCRÉATIF
orné de 27 gravures

Chez PÉRISSE frères, Imprimeurs-Libraires,
à Lyon, *Grande Rue Mercière, N.º 33,*
à Paris, *Place St André des Arts, N.º 11,*

(457)

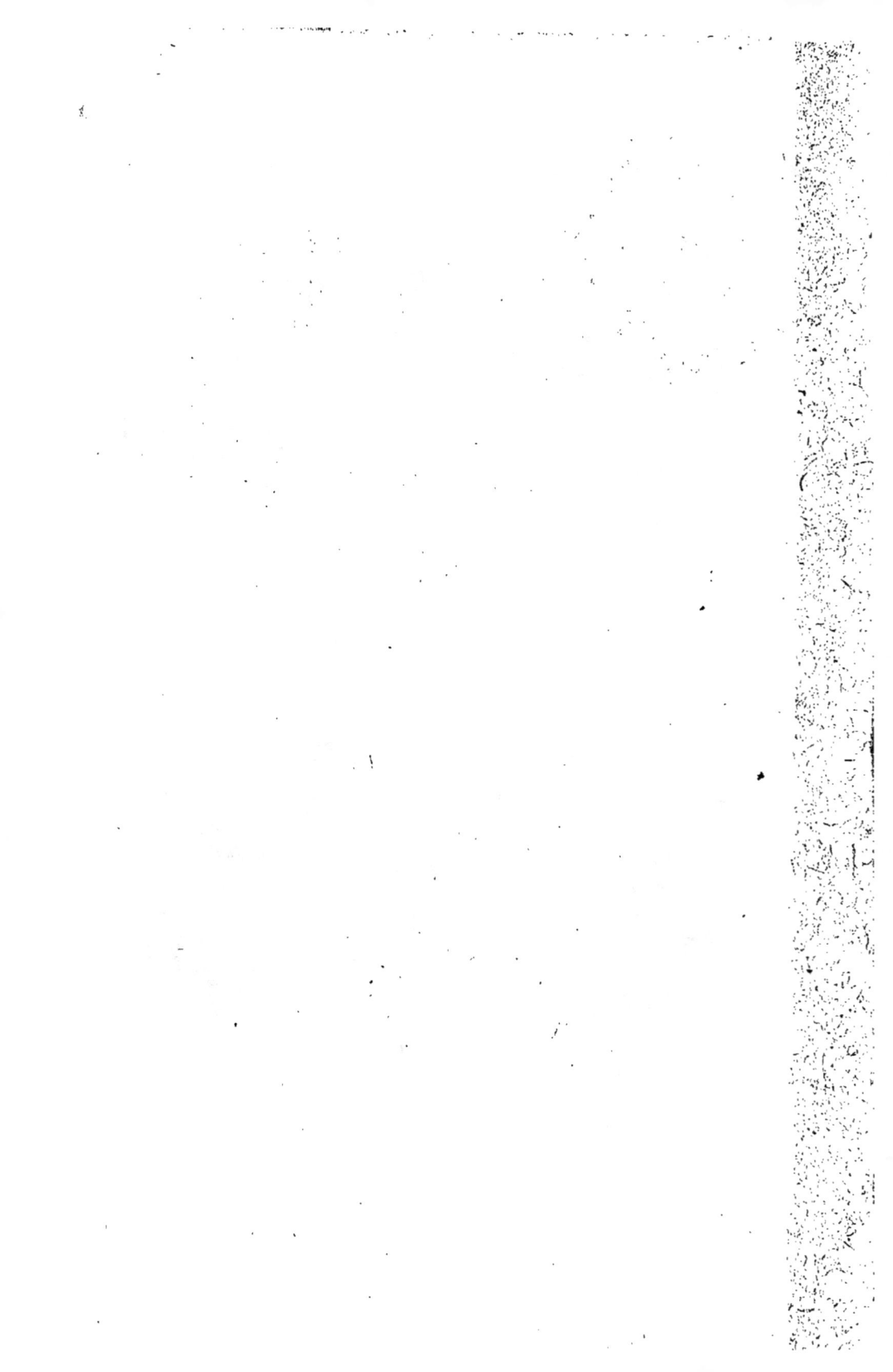

a b

c d

e f

A

g	h
ij	k
l	m

n | o

p | q

r | s

t	u
v	x
y	z

A   B   C   D

E   F   G   H

I   J   K   L

M   N   O   P

Q   R   S   T

U   V   X   Y

Z   Æ   OE   W.

3

a	*b*	*c*	*d*
e	*f*	*g*	*h*
i	*j*	*k*	*l*
m	*n*	*o*	*p*
q	*r*	*s*	*t*
u	*v*	*x*	*y*
z	*et*	*w*	*ff*
fi	*ffi*	*fl*	*ffl*
st	*ss*	*si*	*ssi*

FIGURES DES LETTRES COMPARÉES.

A	a	*A*	*a*	N	n	*N*	*n*
B	b	*B*	*b*	O	o	*O*	*o*
C	c	*C*	*c*	P	p	*P*	*p*
D	d	*D*	*d*	Q	q	*Q*	*q*
E	e	*E*	*e*	R	r	*R*	*r*
F	f	*F*	*f*	S	s	*S*	*s*
G	g	*G*	*g*	T	t	*T*	*t*
H	h	*H*	*h*	U	u	*U*	*u*
I	i	*I*	*i*	V	v	*V*	*v*
J	j	*J*	*j*	X	x	*X*	*x*
K	k	*K*	*k*	Y	y	*Y*	*y*
L	l	*L*	*l*	Z	z	*Z*	*z*
M	m	*M*	*m*				

a e i ou y o u

ba be bi bo bu

ca ce ci co cu

da de di do du

fa fe fi fo fu

ga ge gi go gu

ha he hi ho hu

ja je ji jo ju

ka ke ki ko ku

la le li lo lu

ma me mi mo mu

na ne ni no nu

pa pe pi po pu

qua que qui quo qu

ra re ri ro ru

sa se si so su

ta te ti to tu

va ve vi vo vu

xa xe xi xo xu

za ze zi zo zu.

Mots faciles à épeler.

Pa–pa.	Fan–fan.
Ma–man.	Gâ–teau.
Da–da.	Jou–jou.
Vo–lant.	Na–non.
Rai–sin.	Tou–tou.
Jar–din.	Pou–pée.
Se–rin.	Dra–gée.
Voi–sin.	Bon–bon.
Poi-re.	Bam–bin.
Bo-bo.	Pom–me.
Bon–net.	Cou–teau.
Bé–guin.	Cha–peau.

A–bat–tu.	Im–pos–tu–re.
A–bo–lir.	In–con–ti–nent.
Ba–bil–lard.	Ju–di–cieux.
Ba–di–ner.	Ju–ri–di–que.
Ca–ba–ne.	Ki–ri–el–le.
Ca–ba–ret.	Lai–tiè–re.
Cap–tu–rer.	La–pi–dai–re.
Da–moi–seau.	Mas–ca–ra–de.
Dé–chi–rer.	Né–gli–gen–ce.
E–tren–ner.	O–ri–gi–nal.
Fan–tai–sie.	Par–don–na–ble.
Gra–pil–ler.	Se–cou–ra–ble.

A-na-to-mi-que-ment.

Au-then-ti-que-ment.

Ban-que-rou-tier.

Ci-vi-li-sa-tion.

Dé-sin-té-res-se-ment.

Ex-com-mu-ni-ca-tion.

Fa-bu-leu-se-ment.

Ges-ti-cu-leu-se-ment.

Ha-bi-tu-el-le-ment.

In-cor-ri-gi-ble.

Jus-ti-fi-ca-tion.

Li-mo-na-dier.

Ma-nu-fac-tu-rier.

Na-tu-rel-le-ment.

Ob-sti-na-tion.

Par-ti-cu-liè-re-ment.

PHRASES A ÉPELER.

Il n'y a qu'-un seul Di-eu qui gou-ver-ne le ciel et la ter-re.

Ce Di-eu ré-com-pen-se les bons et pu-nit les mé-chans.

Les en-fans qui ne sont pas o-bé-is-sans, ne sont pas ai-més de Di-eu ni de leurs pa-pas et ma-mans.

Il faut fai-re l'au-mô-ne aux pau-vres, car on doit a-voir pi-tié de son sem-bla-ble.

Un en-fant doit ê-tre po-li.

Un en-fant qui est hon-nê-te et qui a bon cœur est ché-ri de tous ceux qui le con-nais-sent.

Un en-fant bou-deur est ha-ï de tout le mon-de.

Un en-fant ba-bil-lard et rap-por-teur est tou-jours re-bu-té par tous ses ca-ma-ra-des.

On ai-me les en-fans do-ci-les ; on leur don-ne des bon-bons.

Ne dé-ro-bez rien.

Ne je-tez pas du pain à ter—re ; si vous en a—vez trop, il y a des gens qui n'en ont pas as—sez.

Ne vous met-tez pas en co—lè—re.

L'en—fant doux se fait ai—mer.

On ché-rit l'en-fant com-plai—sant.

Ne mé-pri-sez per-son-ne.

L'en-fant le plus ins-truit n'est pas ce-lui qui par-le le plus.

Si vous dé-si-rez trop,

vous ne se–rez ja–mais heu–
reux.

Pour qu'on sup–por–te
vos dé–fauts , sup–por–tez
ceux des au–tres.

Si vous vou–lez vous fai–
re ai–mer , ren–dez–vous
ai–ma–ble.

Ne fai-tes pas à vos ca–
ma-ra-des ce que vous se–
riez fâ-chés qu'ils vous fis-
sent.

Dé-fiez-vous de qui-con-
que pré–tend ren –dre les
hom – mes plus heu – reux
qu'ils ne veu – lent l'être ;

c'est la chi-mè-re des u-sur-pa—teurs et le pré—texte des ty—rans.

Voi—iez le ciel bril—lant d'é—toi—les, la ter—re cou—ver—te de fleurs, de fruits et d'a-ni-maux ; c'est Dieu qui a fait tout cela ; lui seul est tout-puis-sant : pour plai—re à Dieu, il faut que cha-cun fas-se son de-voir.

Le de-voir d'un en-fant est d'o-bé-ir à ses pa-rens, de cher—cher ce qui peut leur plai—re.

Les hom—mes sont faits pour s'ai—mer ; ils sont en

so–cié–té pour se ren–dre ser–vi–ce les uns aux au-tres.

Ce-lui qui ne veut ê-tre u-ti-le à per-son-ne , n'est pas di–gne de vi–vre a–vec les au–tres.

Les mi–li–tai–res dé–fen-dent l'é-tat ; les ju-ges font ren–dre à cha-cun ce qui lui est dû ; les mar–chands pro–cu–rent tout ce dont on a be–soin ; les ou–vri–ers le pré–pa-rent.

Les prê–tres sont les gar–diens de la mo–ra-le.

Les sa-vans nous ex-pliquent les mer–veil–les de la na–tu–re ; les ar–tis–tes nous en re–pré–sen–tent les beau–tés ; le phi–lo–so–phe est ce–lui qui ai–me la sa–ges–se et qui fait tout pour el–le.

La sa–ges–se de l'en–fant le rend plus ai–ma–ble ; il fait a–vec plai–sir ce qu'on lui de–man–de.

La vé–ri–té est si bel–le, ne men–tez ja–mais ; on ne croit plus ce–lui qui a men–ti u–ne fois quand mê–me il dit vrai.

Le li–on est le roi des a–ni–maux.

L'ai-gle est le roi des oi-seaux.

La ba-lei-ne est le plus gros des pois-sons de la mer.

Le bro-chet est un pois-son vo-ra-ce , qui dé-truit les au-tres pois-sons des ri-vi-è-res et des é-tangs.

Le lys est le roi des fleurs; la ro-se en est la rei-ne.

L'or est le pre-mier des mé-taux ; il est le plus dur et le plus rare.

EXPLICATION
DES GRAVURES.

a. autruche.

Cet oiseau , dont les plumes sont si lar-
ges , si belles , est presque aussi haut qu'un
homme monté à cheval : c'est le plus grand
des oiseaux. Outre qu'il a les jambes longues ,
il se sert de ses ailes pour mieux cou ir ,
quand le vent est favorable. Le vent est
bien commode , quand on sait le mettre à
profit : le forgeron se sert du vent pour al-
lumer son feu ; le batelier dresse ses voiles
pour faire avancer son bâteau ; le boulan-
ger nettoie son blé avec une roue garnie de
quatre volans ; nous-mêmes , nous nous pro-
curons du vent , en agitant l'air avec un
éventail.

b. bossu.

Ceux qui se moquent des bossus , ont grand tort. Il est rare qu'on soit bossu par sa faute ; d'ailleurs les bossus ont de l'esprit. Comme ils se sentent exposés aux mauvaises plaisanteries , à cause de leur difformité , ils font de bonne heure usage de toute leur raison , pour gagner du côté des talens , ce qui leur manque du côté du corps.

c. chameau.

Sans le secours de cet animal , qui peut passer jusqu'à dix jours sans boire , il aurait été impossible de traverser des déserts, où le voyageur ne trouve que des sables brûlans.

Le chameau seul peut rendre autant de services que le cheval, l'âne et le bœuf réunis. Il n'est pas plus délicat que l'âne sur la qualité de la nourriture. Sa chair, quand il est jeune , est aussi bonne que celle du veau, et son poil est plus recherché que la plus belle laine. Il marche vite , porte des fardeaux très-pesans ; et réunit , à ces qualités utiles , une autre plus précieuse encore , la docilité. Au simple commandement de son maître , il vient s'agenouiller entre les ballots , pour lui épargner jusqu'à la peine de les élever.

d. dromadaire.

Ce qui distingue le dromadaire du chameau, c'est qu'il n'a qu'une bosse sur le dos ; du reste , ces deux animaux se ressemblent autant par la conformation que par la docilité. On fait avec leur poil, qui tombe tous les ans, des chapeaux fins et de très-belles étoffes.

Le chameau , le dromadaire et l'autruche se trouvent en Asie et en Afrique.

L'Europe , où est située la France que nous

habitons , ne renferme pas tout le monde ; il y a trois autres parties , qui sont l'Asie , l'Afrique et l'Amérique.

L'Europe est la plus petite des quatre parties du monde , mais la plus peuplée. L'Asie , bien plus grande que l'Europe , est l'endroit où le premier homme a pris naissance. L'Afrique , presque aussi grande que l'Asie , est si chaude que la plupart de ses habitans sont noirs. L'Amérique, qu'on appelle le nouveau monde , parce qu'il n'y a que trois cents ans qu'on en a fait la découverte , est bien plus grande que chacune des trois autres parties ; c'est de là que nous viennent le sucre , le café , le chocolat, différens bois de teinture , et beaucoup de drogues qui entrent dans la composition des médecines.

é.   éléphant.

L'éléphant est le plus grand de tous les animaux à quatre pieds. Avec son nez qu'on appelle trompe , il peut dénouer des cordes ,

déboucher

déboucher une bouteille , ramasser la plus petite chose , faire en un mot, tout ce que les hommes font avec la main ; on nomme ivoire les deux longues dents qui sortent de sa mâchoire supérieure. Cet animal est très-susceptible d'affection , très-intelligent et très-docile. Rarement on le voit seul ; il aime à se trouver en compagnie. Dans les voyages , le plus âgé conduit la troupe ; les plus faibles sont au milieu , et les mères portent leurs petits , qu'elles tiennent embrassés avec leur trompe. Ce qu'on va lire prouve bien leur intelligence : un peintre voulait dessiner un éléphant la gueule béante ; pour cela , il s'était fait accompagner d'un jeune élève qui jetait de temps en temps des fruits à l'animal ; mais comme souvent il n'en faisait que le geste , l'éléphant impatienté s'en prit au maître , et gâta tout le dessin sur lequel il travaillait.

————

B

f. fruitière.

Il ne suffit pas d'obliger, il faut craindre d'humilier ceux à qui l'on donne.

« *Un jour je me trouvai à une fête de vil-*
» *lage, disait, à ce sujet, un homme célèbre.*
» *Après dîner, la compagnie fut se promener*
» *dans la foire, et s'amusa à jeter aux pay-*
» *sans des pièces de monnaie, pour le plaisir*
» *de les voir se battre en les ramassant. Pour*
» *moi, suivant mon humeur solitaire, je m'en*
» *fus promener tout seul de mon côté. J'aper-*
» *çus une petite fille qui vendoit des pommes :*
» *elle avoit beau vanter sa marchandise, elle*
» *ne trouvait plus de chalands. Combien tou-*
» *tes vos pommes, lui dis-je ? —toutes mes*
» *pommes, reprit-elle ? Et la voilà en même*
» *temps à calculer en elle-même. —Six sous,*
» *me dit-elle. —Je les prends, lui dis-je, pour*
» *ce prix, à condition que vous les irez dis-*
» *tribuer à ces savoyards que vous voyez*
» *là-bas ; ce qu'elle fit aussitôt. Ces enfans*

g

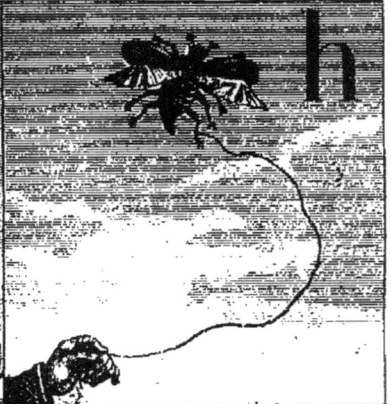
h

i

j k

l

m

» *furent au comble de la joie de se voir ré-*
» *galés, ainsi que la petite fille de s'être dé-*
» *faite de sa marchandise. Je leur aurais fait*
» *moins de plaisir si je leur avais donné de*
» *l'argent. Tout le monde fut content, et*
» *personne ne fut humilié ».*

g. giraffe.

Lorsque la giraffe a pris son accroissement, elle est trois fois plus haute que le plus grand cheval ; mais cette grandeur n'est pas proportionnée, car le cou en fait presque la moitié : d'ailleurs, les jambes de derrière sont trop courtes par rapport à celles de devant. Avec ce défaut, la giraffe ne peut pas bien courir ; aussi, quoiqu'elle ne soit pas farouche, on n'a pas essayé d'en faire une monture. Il en est des animaux comme des hommes, on ne les recherche qu'à raison de leur utilité. On trouve des giraffes en Afrique. Leur peau est marquée de petites taches blanches sur un fond brun.

2

h. hanneton.

Comme le hanneton vole brusquement , on dit en proverbe : étourdi comme un hanneton. Cet insecte , à cause de sa docilité , est un de ceux que les enfans ont choisi pour leur amusement. Malheur aux vauriens qui se donnent le barbare plaisir de les priver de ses pattes ou de ses ailes !

Faire du mal aux animaux , est le signe d'un mauvais caractère.

i. imprimeur.

Les livres n'ont pas toujours été aussi communs qu'ils le sont aujourd'hui. Autrefois il fallait être bien riche pour s'en procurer , parce qu'on mettait beaucoup de temps à les écrire : à présent qu'on les imprime , la besogne va si vite que deux ouvriers , en moins d'un jour , font sans peine ce que

trente écrivains n'auraient pas fait dans un
mois. Chaque lettre est moulée sur un petit carré ; ces carrés s'arrangent dans un cadre : on les couvre d'encre, et, en foulant
avec une presse on a autant de feuilles im-
primées qu'on a mis de feuilles de papier
blanc sur le cadre. La gravure qui a beaucoup de rapports avec l'imprimerie, n'est
pas moins merveilleuse. En général les arts
méritent notre attention. Qui dirait, en
voyant une pièce d'or, une épingle, une
clef, que tout cela est sorti de la terre ? Cependant rien de plus vrai. L'or, l'argent, le
fer, le cuivre et tous les autres métaux se
bêchent dans la terre : ils en sortent bruts :
on les met au feu pour les purifier ; ensuite le forgeron les dégrossit, pour que les
serruriers, les orfèvres et les bijoutiers
aient moins de peine à les mettre en œuvre.

j.   joko.   k.

*Le joko est un grand singe qui marche com-
me l'homme, appuyé sur un bâton. En géné-*

3

ral , les singes ont de l'industrie ; mais ils
sont grimaciers , et même un peu méchans.
Lorsqu'on les attaque , ils se défendent en je-
tant des pierres à leurs ennemis. Pour piller
un verger, ils se mettent à la file et se font passer de l'un à l'autre les fruits qu'ils mettroient
trop de temps à aller chercher.

Comme ces animaux imitent tout ce qu'ils
voient faire , on profite de leur instinct pour
les prendre. Quelquefois on se frotte devant eux le visage avec de l'eau , et l'on
met adroitement de la glu dans le vase où l'on
se lave. D'autres fois on se regarde dans des
miroirs qui ont des ressorts : à peine s'est-on
détourné , que les singes s'y trouvent embar-
rassés.

---

1. lion.

Le lion est un animal terrible. Avec sa
queue , il peut étreindre cruellement un
homme , lui casser une jambe , et même le
tuer ; mais il n'attaque que lorsque la faim

le presse. Pris jeune, il s'apprivoise, et à tout âge il est sensible aux bienfaits.

Une lionne que l'on tenait enchaînée, fut atteinte d'un mal violent qui l'empêchait de manger : comme on désespérait de sa guérison, on lui ôta sa chaîne, et on jeta son corps dans un champ. Ses yeux étaient fermés, et sa gueule se remplissait de fourmis, lorsqu'un passant l'aperçut. Croyant remarquer quelque reste de vie dans cet animal, il lui lava le gosier avec de l'eau, et lui fit avaler un peu de lait. Un remède si simple eut les effets les plus prompts. La lionne guérit, et elle conçut une telle affection pour son bienfaiteur, qu'elle se laissait conduire avec un cordon, comme le chien le plus familier. Tel est le pouvoir des bienfaits sur les caractères même les plus rebelles.

---

m. marmotte.

Ce petit animal se tient assis comme l'écureuil, pour prendre sa nourriture, et se sert des pieds de devant pour la porter à sa

4

bouche. Rien de plus facile que de l'appri-
voiser ; aussi les petits paysans des montagnes l'apportent-ils dans nos villes pour le
faire danser au son de la vielle. Aux appro-
ches de l'hiver , plusieurs marmottes se réu-
nissent pour construire sur le penchant d'une
montagne , un grand terrier à deux ouver-
tures , qui a la forme d'un y.

C'est une si belle chose que l'union ! D'autres animaux, les abeilles surtout et les fourmis nous en donnent l'exemple. Les abeilles
dans leur ruche , sont comme des citoyens
dans leur ville. Chacune y a ses occupations,
ses habitudes , ses amis , sa demeure. Au
printemps , toutes ces ouvrières volent dans
les champs pour recueillir sur les fleurs une
espèce de poussière qu'elles rassemblent avec
leurs pattes. C'est avec cette poussière qu'elles
forment la cire dont on fait des bougies. Le
miel est composé d'un suc qu'elles pompent
dans les fleurs.

Quant aux fourmis , lorsque vous en ren-
contrez une , suivez-la , vous verrez qu'elle
se rend dans une habitation vaste , divisée en
chambrettes , toutes bien approvisionnées ,
bien propres. Grains , fruits , petits animaux

n

o

p

q

r

s

morts , tout est bon pour son ménage ; mais
c'est surtout la manière dont se fait l'appro-
visionnement , qui est curieuse. Lorsqu'une
fourmi se trouve trop chargée , une autre
fourmi l'aide; et si les deux ne sont pas assez
fortes , une troisième vient au secours pour
transporter le fardeau , souvent plus gros
que douze fourmis réunies.

---

n.   nid.

Un nid d'oiseau est un chef-d'œuvre , par
la manière dont les feuilles sèches , le duvet
et le crin y sont disposés. Une autre mer-
veille , c'est la manière dont les petits y sont
élevés. La mère se tient près d'eux pour les
échauffer , tandis que le père vient dégorger
dans leurs becs des alimens à demi digérés.
Ces enfans chéris sont dociles : ils attendent
pour voler qu'on leur en ait donné le signal ;
ils s'essayent sous les yeux de leur père , et
ne prennent d'autre nourriture que celle qui
leur est indiquée.

B 5

o. ours.

L'ours s'apprivoise , mais il faut le prendre jeune : autrement il conserverait son caractère farouche. Dans les bois , cet animal vit seul , par indifférence pour ceux de son espèce. Parmi les hommes , le goût de la retraite a quelquefois le même motif : on se prive du secours des autres , pour être dispensé de leur en porter.

p. polichinel.

Deux enfans revenaient de la foire avec leur père. C'était en automne ; les jours commençaient à être courts : comme ils savaient le chemin , leur père ayant eu besoin de s'arrêter , leur dit de continuer leur route. Les voilà donc qui marchent doucement tous les deux en s'entretenant des curiosités qu'ils avaient vues à la foire. Tout-à-coup une lueur tremblante parut au milieu du chemin. Leur premier mouvement fut de reculer ; cependant l'aîné rappela à son frère ce que leur avait dit leur père , qu'il ne fallait pas s'effrayer de ce qui paraît extraordinaire dans les ténèbres , parce qu'en approchant , on découvrait que ce n'était rien : en effet , ils avancèrent et ils ne trouvèrent qu'un homme qui cherchait avec une lanterne sa bourse qu'il avait laissé tomber en tirant son mouchoir. Cet homme était le joueur de marionnettes de la foire : ils lui aidèrent à chercher sa bourse , et ils en reçurent pour récompense le polichinel qui les avait tant faire rire.

q.   quilles.

Les jeux sont les délassemens de la jeunesse ; mais ce doivent être des jeux innocens , tels que la balle , le cerf-volant , les quilles , et nonpas des jeux où l'on risque de l'argent.

Voyez deux joueurs se mettre à une table

de jeu : leur joie n'est pas de longue durée.
La mauvaise humeur s'empare du perdant ; il
frappe du pied , trépigne , et s'en prend aux
meubles , qu'il fracasse , comme s'ils étaient
complices de sa mauvaise chance.

On juge mal des gens qui se laissent em-
porter à la bonne et à la mauvaise humeur
dans le jeu.

---

r.   rhinocéros.

Cet animal est , après l'éléphant , un des
plus gros qu'on connaisse. Sur le nez il porte
une corne qui peut devenir meurtrière. Tout
son corps est couvert d'un cuir que le fer ne
saurait pénétrer. Au bout de sa lèvre supérieure, on aperçoit une excroissance pointue;
c'est cette excroissance qu'il allonge , et qui
lui tient lieu d'une main. Sans être ni féroce ,
ni carnassier , ni même extrêmement farouche , le rhinocéros est cependant intraitable ;
il est à peu près en grand ce que le cochon
est en petit , brusque , indocile et sans intelligence.

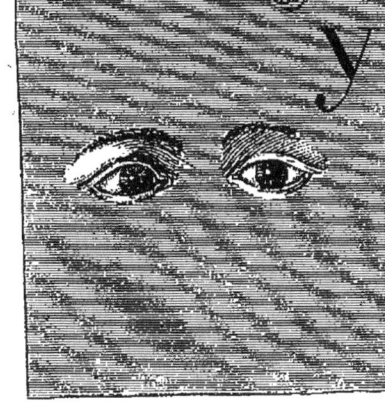

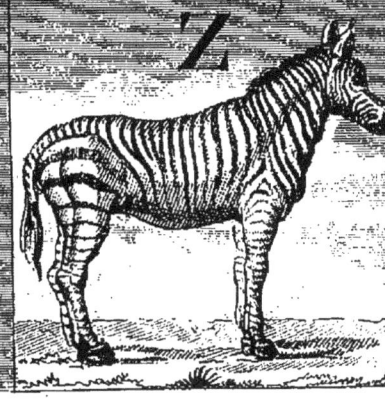

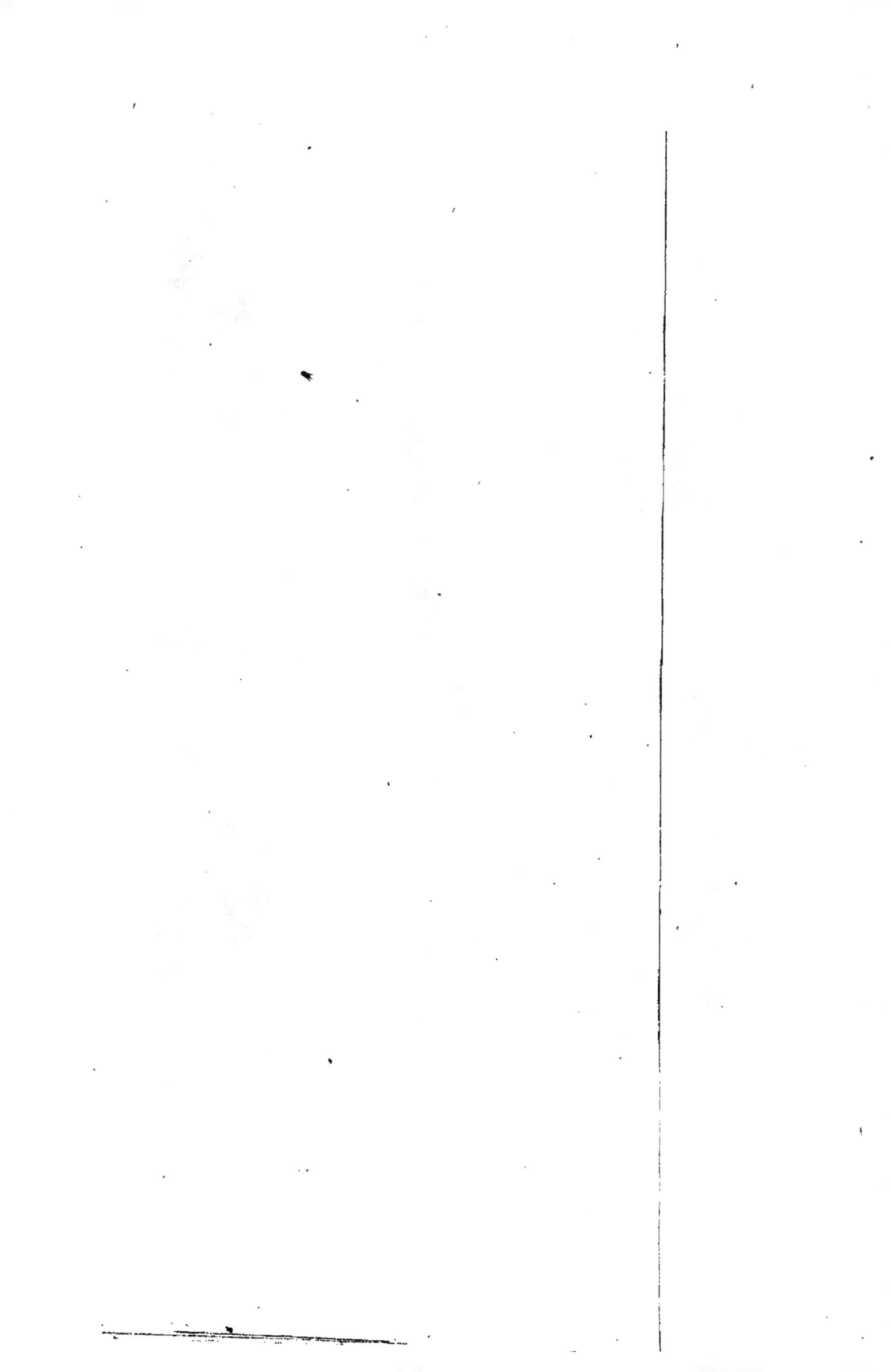

s. serpent.

Quoique les serpens n'aient pas de pates, ils marchent à leur manière , et assez vite ; ils rampent , en se servant d'une partie de leur ventre comme d'un point d'appui. Leur retraite ordinaire est dans les lieux humides , sous des tas de fumier , sous des feuilles mortes , dans des trous souterrains où ils vivent d'herbes , de mouches , d'insectes , d'araignées , de grenouilles et de souris.

Tous les serpens ne sont pas venimeux : les plus gros et les plus dangereux ne se trouvent pas en France. La vipère est très à craindre ; l'aspic l'est moins ; la couleuvre ne fait de mal à personne.

t. tigre.

Le tigre n'est pas aussi fort que le lion ; mais il est plus à craindre , parce qu'il est plus cruel. Rassasié ou à jeun , il n'épargne aucun animal , et ne quitte une proie que pour en égorger une autre. Heureusement l'espèce n'en est pas nombreuse. Dans la captivité il déchire la main qui le caresse, comme celle qui le frappe. Cet animal a beaucoup de rapports avec le chat : il est , comme lui , hypocrite et caressant par envie de mal faire.

---

u.   unau.

On a donné à cet animal le surnom de paresseux , parce qu'il est extrémement lent. Cependant sa lenteur est moins l'effet de la paresse que du défaut de conformation. Il lui faut un jour pour grimper sur un arbre ; et pour en descendre , il est obligé de se laisser tomber. Malgré sa misère , on ne peut pas dire que l'unau soit malheureux , parce qu'il n'est pas né sensible.

v. vaisseau.

Il s'en faut de beaucoup que toute la terre soit solide : on voit des ruisseaux couler aux pieds des montagnes ; ces ruisseaux , en se joignant à d'autres , forment des rivières ; les rivières composent des fleuves ; et les fleuves contribuent à former cet amas d'eau qu'on appelle mers. Pour franchir ces espaces , il fallait des supports ; pour cela , on a d'abord imaginé de creuser des arbres , puis on a joint des planches ; mais il y avait loin de ces mauvais bateaux à nos grands vaisseaux de guerre , qui portent jusqu'à douze cents hommes avec des provisions pour six mois.

x. xénophon.

C'est le nom d'un historien célèbre. On appelle historien celui qui écrit tout ce qui

arrive d'intéressant. S'il n'y avait pas eu de
ces hommes utiles , nous ignorerions tout ce
qui s'est passé avant notre naissance ; et s'il
n'y en avait pas , nous ne saurions que ce qui
se fait auprès de nous. Avec la connaissance
de l'histoire , on est l'homme de tous les pays
et de tous les temps.

y. yeux.

Le caractère se peint dans les yeux. Le
méchant a l'œil farouche : l'enfant sensible a
le regard doux. Les yeux sont le miroir de
l'ame.

z. zèbre.

La peau du Zèbre est rayée de noir et de
jaune clair , avec tant de symétrie , qu'il
semble qu'on a pris le compas pour la pein-
dre. C'est un âne sauvage qui marche avec

.... Fanfan n'y tenant plus,
tombe aux pieds de Chloé, désespéré.

une grande vitesse , mais qu'on ne peut mon-
ter , parce qu'il est indocile et têtu. Avec sa
gentillesse , on le préférerait au cheval , s'il
était comme lui , susceptible d'éducation et
familier.

HISTORIETTES.

LE PETIT MENTEUR.

ANTONIN était parvenu à l'âge de huit ans,
sans avoir proféré un mensonge, et dès qu'il
lui arrivait de faire quelque sottise insépa-
rable de cet âge , il allait vite s'en accuser à
son père qui lui pardonnait après une légère
réprimande.

Un jour son cousin Didier, assez mauvais
sujet, vint le trouver pour s'amuser ensemble. Il lui proposa de jouer au DOMINO. Antonin voulait bien jouer à ce jeu, qu'il aimait beaucoup ; mais non pas de l'argent
comme le voulait Didier. Cependant Antonin,

cédant à une fausse honte et aux railleries de deux amis de Didier, joua son argent, et perdit en une heure tout ce qu'il avait économisé. Désolé de cette perte, et plus encore des sarcasmes de Didier et de ses amis, il se mit à pleurer. Son père rentra dans ces entrefaites, et lui demanda le sujet de ses pleurs. — C'est Didier, le fils du voisin, qui est venu me forcer à jouer avec lui au DOMINO. — C'est un amusement que je t'ai permis ; il n'y a pas là de quoi pleurer. Aurais-tu joué de l'argent ? — Non, mon papa.

Le même jour le père d'Antonin ayant rencontré Didier, il en apprit qu'il avait gagné tout l'argent de son fils au DOMINO. M. Dorimont ayant appelé Antonin, lui demanda ce qu'il avait fait de son argent. Celui-ci, au lieu de mériter son pardon en disant la vérité, chercha un mensonge grossier, en disant qu'il avait mis son argent derrière une pierre, et qu'on le lui avait pris. M. Dorimont pardonna à son fils pour la première fois, et se contenta de le traiter de menteur, en l'avertissant que dorénavant il se méfierait de lui.

Peu de temps après, son oncle lui ayant fait présent d'un superbe porte-crayon, Antonin n'eut rien de plus pressé que de le montrer à Didier. Didier offrit à Antonin combien de joujoux pour avoir ce joli objet ; mais Antonin n'ayant pas voulu faire d'échange, Didier prétendit qu'il lui appartenait, et qu'il le lui avait dérobé. Antonin eut beau protester que c'était un cadeau de son oncle , Didier le lui arracha de force , le terrassa et s'enfuit. Antonin tout en sang , courut auprès de son père , à qui il fit le récit de l'action indigne de Didier; mais son père, au lieu de l'accueillir , lui dit que sans doute il l'avait joué au DOMINO , et qu'il ne s'était mis dans cet état que pour lui en imposer. Antonin eut beau affirmer la vérité de son récit , son père lui dit que l'ayant trompé une fois il ne pouvait plus le croire. Antonin se retira dans sa chambre , pleura sa faute , en fit l'aveu à son père , obtint son pardon , et fidèle à sa promesse , il ne mentit plus de sa vie.

———

QUELLE est cette petite demoiselle , assise dans un coin , qui semble craindre qu'on ne l'aperçoive ? — C'est Emilie , qui se moque des enfans mal vêtus. Ce matin , elle avait demandé à sa bonne un toquet de velours orné de paillettes. Comme elle en paraissait fière, sa maman, pour la punir, lui a fait prendre un bonnet de nuit, qu'elle gardera devant les petites voisines qu'elle voulait humilier.

FANFAN, le chat aurait-il mangé ton oiseau ? J'ai trouvé beaucoup de plumes dans l'escalier. — Non, mon frère ; c'est moi qui l'ai plumé pour voir quelle mine il aurait sans plumes. — Comment ! tu as eu cette cruauté, et tu le dis sans rougir ? — Mais, mon frère, on m'avait donné cet oiseau pour m'amuser. — Mon frère, on ne s'amuse pas à des choses qui font du mal. Si on t'arrachait les cheveux, tu souffrirais ; l'oiseau souffre, depuis que tu lui as arraché les plumes.

SOPHIE avait un chat nommé Zizi : c'est un joli amusement qu'un petit chat ; mais Sophie avait pour Zizi une amitié si folle, qu'elle ne pensait qu'à lui, et qu'elle employait la plus grande partie de son temps à le caresser. Le matin, à peine était-elle sortie du lit, qu'elle

appelait Zizi ; en lisant sa leçon , elle pensait
à Zizi ; au lieu de coudre , elle s'occupait de
Zizi ; et préférablement à sa poupée , c'était
Zizi qu'elle habillait. On ôta à Sophie son
Zizi , et l'on se moqua d'elle quand elle vou-
lut le pleurer.

LAURETTE était une petite fille bien étour-
die : il ne se passait pas de jour qu'elle ne se
fît du mal , ou qu'elle n'en causât à ses camarades. Sa maman lui avait expressément dé-
fendu de manier des couteaux , et de trop s'ap-
procher du feu ; mais à peine la maman était-
elle détournée , que la petite fille oubliait la
défense. Un jour qu'on l'avait laissée seule
avec sa sœur Sophie , au lieu de faire attention
à cette enfant qui était plus jeune qu'elle , elle
la laissa manier un couteau qui la coupa bien
fort. Une autre fois , en ramassant une ai-
guille , elle approcha la bougie si près de son
béguin , que le feu prit à la dentelle , et brûla
une grande partie de ses cheveux.

ALPHONSE était un petit enfant de si mauvaise humeur, qu'on le voyait pleurer pour
la moindre bagatelle. S'il trouvait sa leçon
tant soit peu difficile , il disait qu'il n'en
pourrait jamais venir à bout, et il laissait là
son livre pour verser des larmes : quand il
lui manquait un des joujoux , au lieu de le
chercher , il se désolait. Au moindre coup
que lui donnait en jouant un de ses camarades , il poussait des cris si aigus , qu'on
l'aurait cru estropié pour sa vie. Un jour son
papa lui dit : Alphonse , si tu jettes ton livre
pour un mot difficile , comment veux - tu
apprendre à lire ? Pendant le temps que tu
mets à pleurer tes joujoux , tu les retrouve-
rais ; si pour un petit coup , tu te mets à
crier , aucun enfant ne voudra jouer avec
toi. Alphonse entendit raison ; ses leçons lui
parurent moins difficiles , ses joujoux ne se
perdirent plus , et ses camarades le regardè-
rent comme un bon petit enfant , qu'ils mi-
rent de toutes leurs parties.

PAPA , quel plaisir , si j'étais grand comme
le pommier qui est dans notre jardin ! Il ne
me faudrait ni échelle , ni crochet pour avoir
des pommes. D'une enjambée je traverserais
une rivière , et puis je serais bien plus fort ,
si j'étais si grand ! Qu'il vînt un ours à ma
rencontre , je lui tordrais le cou d'un tour de
main. — Mon fils , tu ne fais donc pas attention qu'il n'y aurait pas de place pour contenir
des hommes si gros , et que tel pays qui fait
vivre aujourd'hui mille hommes , en ferait
tout au plus subsister vingt ? Chacun de nous
mangerait un bœuf à son dîner, et tu n'aurais
pas trop d'une tonne de lait pour faire ton
déjeûner.

EH bien ! Henri , n'est-ce pas une chose
bien admirable , que ce grand arbre soit sorti
d'une petite semence ? Regardez , en voici un
tout jeune. Il est si petit , Charlotte , que
vous aurez la force de l'arracher vous-même.
Tenez , voyez-vous ; voilà le gland encore

attaché à sa racine. C'est pourtant ainsi que sont venus tous les arbres qui peuplent cette belle forêt que nous traversâmes l'autre jour dans notre voyage. Ce chêne seul , si tous ses glands avaient été recueillis chaque année et plantés avec soin , aurait déjà pu suffire à couvrir de ses enfans et de ses petits-enfans la face entière de la terre.

Dorval était un petit garçon si turbulent , que, malgré la vigilance de ceux qui l'environnaient , il lui arrivait tous les jours quelque accident. Une fois , en marchant à reculons , il tomba du haut en bas d'un escalier ; une autre fois il fit tomber sa maman , en se balançant au dossier de son fauteuil ; mais voici l'accident le plus fâcheux. Un jour qu'il jouait avec une petite demoiselle , à qui croiserait le premier deux épingles , en les poussant l'une contre l'autre , il mit dans sa bouche des épingles qui l'embarrassaient. Dans le même moment un gros chien qu'il avait accoutumé à jouer avec lui , entra sans être aperçu , et lui mit ses deux pates sur les épaules. Dorval , qui ne s'y attendait pas ,

fit

fit un mouvement, et lâcha les épingles, qui lui descendirent dans le gosier. On eut beau appeler les chirurgiens, Dorval mourut d'un abcès, au bout de quelques jours.

***

GERMEUIL étoit un enfant très-indocile. Un jour qu'il passait près d'une ruche, son papa l'avertit que les abeilles étaient dangereuses quand on les troublait dans leur travail. Bon, dit Germeuil, si c'était un gros chien, j'en aurais peur; mais des abeilles, d'un coup de mouchoir j'en abattrais un cent. Le petit incrédule frappa la ruche avec sa baguette. Dans l'instant les abeilles le poursuivirent et le piquèrent au visage, au cou, aux jambes, aux mains, partout où leur aiguillon put se faire jour.

***

CÉCILE avait de beaux yeux, une jolie bouche, des couleurs vives. Cécile étoit une jolie petite fille. Elle en devint si orgueilleuse, qu'elle ne pouvait supporter ceux qui avaient quelque défaut dans la figure ou dans la taille.

Joséphine , sa sœur cadette , était presque laide : mais elle était douce , prévenante, et savait lire avant que Cécile connût une lettre. Cécile et Joséphine eurent ensemble la petite vérole. Joséphine supporta son mal avec patience ; mais Cécile , craignant de perdre sa beauté , aigrit son sang , et fut tellement défigurée qu'on ne se ressouvint plus qu'elle avait été belle. Comme elle ne savait ni travailler , ni lire , elle n'eut rien pour se distraire. Joséphine au contraire, fut recherchée , parce qu'elle joignait à l'esprit beaucoup de connaissances et d'amabilité.

LE PÈRE DE FAMILLE.

Mes bons amis , n'oubliez jamais que c'est de Dieu que vous tenez tout , et que c'est encore de lui que vous recevrez , dans un autre monde , la récompense ou le châtiment des actions que vous aurez faites dans celui-ci.

Pour règle principale , ne passez jamais un jour sans adresser vos prières au Créateur de l'univers. C'est une grande gloire pour nous , qui sommes si peu de chose , que d'avoir le droit d'élever la voix vers celui qui est au-

les rayons du soleil image de sa propre substance,
sont autant de flots qu'il lance de tous côtés.

dessus de tout ; ce doit encore être un nouveau motif de reconnaissance.

Chaque jour dont vous jouissez est un grand
bienfait : à votre réveil, ne manquez donc
pas d'en rendre des actions de grâces ; ce doit
être votre première pensée. Le soir, que vos
derniers momens soient encore employés à
louer la Divinité ; vous jouirez ensuite d'une
tranquillité plus vraie, parce que vous aurez
rempli un devoir sacré. Dieu n'a pas besoin
de vos prières ; mais vous, vous avez besoin
de le prier ; et je puis vous prédire que tant
que vous le prierez avec un plaisir bien senti,
et non par une vaine habitude, vous trouverez
tous les devoirs de l'humanité plus faciles et
plus agréables à remplir.

PAPA, voilà le soleil qui se lève ; tu m'as
promis de m'entretenir aujourd'hui sur ce
bel astre.

Volontiers. C'est un globe, puisque dans
toutes ses parties il se montre à nos yeux sous
une forme circulaire, et qu'avec un bon té-
lescope on découvre sa convexité. Il tourne
sur lui-même d'une rapidité prodigieuse,

2

darde sans cesse , et de tous côtés en lignes droites , des rayons formés de sa substance , et destinés à porter avec une vitesse inconcevable , jusqu'au bout de l'univers , la lumière qui l'éclaire , la chaleur qui l'anime , et les couleurs qui l'embellissent. Les rayons du soleil sont autant de flots de matière enflammée qu'il lance de tous côtés. A la distance où il est de nous , comment ses rayons pourraient-ils nous échauffer , s'ils ne partaient d'une source brûlante , en conservant , dans le trajet , leur mouvement ? Le soleil tourne sur lui-même , puisque l'on observe sur son disque des taches qui , se montrant sur un de ses bords , semblent passer à travers toute sa largeur sur le bord opposé , se dérobent pendant quelques jours , et reparaissent ensuite au premier point d'où elles sont parties. Tous les philosophes anciens et modernes ont cru que le soleil tournait autour de la terre , et il n'y a pas trois cents ans qu'on est revenu de cette erreur. Les enfans le croient encore aujourd'hui sur la foi de leurs bonnes , et tout le peuple ignorant et grossier le croira toujours. Cependant rien n'est plus faux , et je te le démontrerai jusqu'à l'évidence.

MANIÈRE DE PRONONCER LES CONSONNES.

B	Be.	N	En ne.
C	Ce.	P	Pe.
D	De.	Q	Qu.
F	Ef fe.	R	Re.
G	Ge.	S	Se.
H	A che.	T	Te.
J	Gi.	V	Ve.
K	Ka.	X	Ik ce.
L	El le.	Y	Y grec.
M	Em me.	Z	Zaid.

ACCENS.

′ Aigu.

\ Grave.

ᴧ Circonflexe.

Ces accens mettent une grande différence dans la manière dont on prononce les lettres sur lesquelles ils sont placés ; ainsi l'on ouvre beaucoup plus la bouche pour prononcer l'*e* du mot *procès*, que pour prononcer celui du mot *bonté*.

L'*e* sur lequel on met un accent aigu, s'appelle un *e* fermé, celui sur lequel on place un accent grave, s'appelle un *e* ouvert.

On met l'accent circonflexe sur les voyelles qu'on prononce en appuyant , comme dans les mots : *Bláme , tempéte , gîte , trône , flûte*.

Il y a cinq voyelles, *a , e , i , o , u :* on les appelle voyelles , parce qu'elles remplissent seules la voix.

Il n'en est pas de même des autres lettres :
on les nomme consonnes , parce qu'elles n'ont
de son qu'avec une autre lettre ; ainsi quand
on prononce un *b* , le son est le même que s'il
y avoit un *e* à côté.

Le tréma (¨) est un signe qui avertit qu'il
faut prononcer la voyelle sur laquelle il se
trouve , séparément de la lettre qui suit ; ainsi ,
dans le mot *haïr* , on prononce *ha-ir ;* parce
qu'il y a un tréma , et non pas *hair*.

L'apostrophe (') se met en haut , à la place
d'une voyelle supprimée , comme dans les
mots : *L'arbre* , *l'oiseau* , parce qu'il aurait
été trop dur de dire : *Le arbre* , *le oiseau*.

Le trait d'union (-) se met entre deux mots
qui n'en forment qu'un , comme : *Porte-faix,*
porte-clef , *porte-crayon*.

La cédille (ֵ) se met en bas , sous la lettre
c , pour avertir qu'on doit prononcer *c* comme
une *s ;* par exemple , dans le mot *Leçon*.

Les guillemets (») sont deux virgules qui
marquent que les mots devant lesquels ils se
trouvent sont le langage de quelqu'un qui n'est
pas celui qui parlait auparavant : on s'en sert
encore pour faire connaître les mots , les
lignes qui sont empruntés d'un autre livre.

4

La parenthèse () se compose de deux crochets : elle marque que ce qui est renfermé entre , est détaché de ce qui précède et de ce qui suit.

Virgule , pour s'arrêter un peu.

Point et virgule ; pour s'arrêter davantage.

Deux points : pour s'arrêter davantage encore.

Point . pour s'arrêter tout-à-fait.

Point d'interrogation ?

Point d'admiration ou d'exclamation !

Ceux qui composent les livres ne placent pas tous ces signes indifféremment.

La virgule (,) marque les différentes parties d'une phrase , c'est-à-dire , d'un assemblage de mots qui contribuent à former le même sens.

Le point et la virgule (;) marquent que la phrase n'est pas entièrement finie.

Les deux points (:) marquent qu'une phrase est finie , mais qu'elle dépend d'une phrase composée , dont toutes les parties sont liées avec la principale.

FANFAN ET COLAS.

FANFAN, gras et vermeil, et marchant sans lisière,
Voyait son troisième printemps.
D'un si beau nourrisson, Perrette toute fière
S'en allait à Paris le rendre à ses parens.
Perrette avait sur sa bourrique,
Dans deux paniers mis Colas et Fanfan.
De la riche Cloé, celui-ci fils unique,
Allait changer d'état, de nom, d'habillement,
Et peut-être de caractère.
Perrette de ses soins est largement payée;
Colas, lui, n'était que Colas,
Fils de Perrette et de son mari Pierre.
Il aimait tant Fanfan, qu'il ne le quittait pas.
Fanfan le chérissait de même.
Ils arrivent. Cloé prend son fils dans ses bras:
Son étonnement est extrême,
Tant il lui paraît fort, bien nourri, gros et gras.
Voilà Perrette renvoyée;
Voilà Colas que Fanfan voit partir.
Trio de pleurs. Fanfan se désespère:
Il aimait Colas comme un frère;
Sans Perrette et sans lui, que va-t-il devenir?
Il fallut se quitter. On dit à la nourrice:
Quand de votre hameau vous viendrez à Paris,
N'oubliez pas d'amener votre fils;
Entendez-vous, Perrette? on lui rendra service.
Perrette, le cœur gros, mais plein d'un doux espoir,
De son Colas croit la fortune faite.

De Fanfan cependant Cloé fait la toilette.
Le voilà décrassé, beau, blanc, il fallait voir.
    Habit moiré, toquet d'or, riche aigrette !
On dit que le fripon se voyant au miroir,
        Oublia Colas et Perrette.
Je voudrais à Fanfan porter cette galette,
Dit la nourrice un jour ; Pierre, qu'en penses-tu ?
Voilà tantôt six mois que nous ne l'avons vu.
    Pierre y consent ; Colas est du voyage.
    Fanfan trouva (l'orgueil est de tout âge),
    Pour son ami, Colas trop mal vêtu ;
    Sans la galette, il l'aurait méconnu.
Perrette accompagna ce gâteau d'un fromage,
        De fruits et de raisins. . . . .
        Les présens furent bien reçus ;
    Ce fut tout ; et tandis qu'elle n'est occupée
        Qu'à faire éclater son amour,
        Le marmot, lui, bat du tambour ;
Traîne son chariot, fait danser sa poupée.
Quand il a bien joué, Colas dit : C'est mon tour.
        Mais Fanfan n'était plus son frère ;
        Fanfan le trouva téméraire ;
Fanfan le repoussa d'un air fier et mutin.
        Perrette alors prend Colas par la main ;
        Viens, lui dit-elle avec tristesse :
Voilà Fanfan devenu grand Seigneur,
        Viens, mon fils, tu n'as plus son cœur.
L'amitié disparaît où l'égalité cesse.

                                    AUBERT.

CLOÉ ET FANFAN.

J'ai peint Fanfan ingrat envers Perrette,
    Perrette qui l'avait nourri ;
Je l'ai peint dédaignant Colas pour son ami,
Et logeant la fierté déjà sous sa bavette.
    Fanfan grandit ; et malgré les avis
      De Cloé, mère tendre et sage,
      Son orgueil s'accrut avec l'âge :
    Le fripon insultait tous les gens du logis.
      Que fit Cloé pour corriger son fils ?

. . . .

Mon fils, dit-elle un jour, apprenez le malheur
      Où le juste destin vous plonge.
Vous n'êtes point à moi : Perrette et son mari
      Ont trompé tous deux ma tendresse ;
      Ce secret vient d'être éclairci :

. . . .

Colas est mon enfant, et vous allez partir...
Fanfan, troublé, muet, l'œil fixe sur sa mère,
A ce nom de Colas laisse couler des pleurs.
      Cloé tournant les yeux ailleurs
      Pour pousser jusqu'au bout l'affaire,
Tient ferme, le dépouille, et lui met les habits
      Qu'il devait porter au village.
Mille sanglots alors échappent à son fils ;
      Les pleurs inondent son visage.
Il parle enfin : maman, que vais-je devenir ?
Mal vêtu, mal nourri. . . . .
. . . . — Oui, Colas, mais qu'y faire ?

6

Le ciel de votre orgueil a voulu vous punir.

Colas , vous méprisiez mon fils et votre mère ,

Vous traitiez durement tous ceux que la misère ,

    Pour subsister , oblige de servir :

        Vous allez apprendre à les plaindre.

        Vous voyez qu'au sein du bonheur ,

        Les retours du sort sont à craindre.

De vos cruels dédains reconnaissez l'erreur.

        Si mon fils allait vous les rendre ?

S'il allait à son tour . . . Fanfan n'y tenant plus

Tombe aux pieds de Cloé , désespéré , confus ,

        La conjure de le reprendre.

    Je servirai , lui dit-il , votre fils ;

Je le respecterai , je lui serai soumis.

        C'en fut assez pour cette mère sage

        Qui d'un bon cœur eut alors le présage ;

Elle embrassa son fils , quitta cet air sévère ,

L'appela par son nom , loua son repentir ,

      Et désormais eut lieu de s'applaudir

    De cette leçon salutaire.

AUBERT.

Les principales règles du calcul sont : l'*addition*, la *soustraction*, la *multiplication*, la *division*.

L'Addition.

Fanfan, supposons que tu tires quelques cerises d'une corbeille : pour savoir combien tu en auras pris, tu diras,

par exemple...... 4 cerises,

plus 2 cerises,

plus 3 cerises,

font 9 cerises,

Le nombre 9 est le total que tu cherchais.

Ainsi, l'addition consiste à ajouter plusieurs nombres les uns aux autres, pour en connaître la somme totale.

La Soustraction.

Supposons que tu n'aies pris que 7 cerises, et que tu en remettes 4, combien t'en restera-t-il ?

de 7 cerises,

ôte 4 cerises,

reste 3 cerises.

Ainsi, par la soustraction, on ôte un moindre nombre d'un plus grand, pour savoir ce qu'il en reste.

La Multiplication.

Si je te donne 15 cerises par jour, combien en mangeras-tu en 4 jours ?

Multiplie........ 15

par......... 4

C'est-à-dire , compte 4 fois 15 ,

Tu trouveras............... 60 cerises.

La multiplication consiste donc à multiplier deux nombres l'un par l'autre , pour trouver un troisième nombre , qui contienne le premier autant de fois qu'il y a d'unités dans le second.

La Division.

Si , par hasard , il ne s'était trouvé dans la corbeille que 30 cerises , et qu'il t'eût fallu les partager entre 6 personnes , combien chaque personne en aurait-elle eu ?

30 { divisés par 6 ,

donnent 5.

Chaque personne aurait donc eu 5 cerises.

L'usage de la division est, comme tu vois , de partager un nombre en autant de parties qu'il y a d'unités dans celui par lequel on le divise.

Chiffres Arabes et Romains.

un	1	I.
deux	2	II.
trois	3	III.
quatre	4	IV.
cinq	5	V.
six	6	VI.
sept	7	VII.
huit	8	VIII.
neuf	9	IX.
dix	10	X.
onze	11	XI.
douze	12	XII.
treize	13	XIII.
quatorze	14	XIV.
quinze	15	XV.
seize	16	XVI.
dix-sept	17	XVII.
dix-huit	18	XVIII.
dix-neuf	19	XIX.
vingt	20	XX.
vingt-un	21	XXI.
vingt-deux	22	XXII.
vingt-trois	23	XXIII.
vingt-quatre	24	XXIV.
vingt-cinq	25	XXV.
vingt-six	26	XXVI.
vingt-sept	27	XXVII.
vingt-huit	28	XXVIII.

	Arabes.	Romains.
vingt-neuf	29	XXIX.
trente	30	XXX.
trente-un	31	XXXI.
trente-deux	32	XXXII.
trente-trois	33	XXXIII.
trente-quatre	34	XXXIV.
trente-cinq	35	XXXV.
trente-six	36	XXXVI.
trente-sept	37	XXXVII.
trente-huit	38	XXXVIII.
trente-neuf	39	XXXIX.
quarante	40	XXXX ou XL.
quarante-un	41	XLI.
quarante-deux	42	XLII.
quarante-trois	43	XLIII.
quarante-quatre	44	XLIV.
quarante-cinq	45	XLV.
quarante-six	46	XLVI.
quarante-sept	47	XLVII.
quarante-huit	48	XLVIII.
quarante-neuf	49	XLIX.
cinquante	50	L.
cinquante-un	51	LI.
cinquante-deux	52	LII.
cinquante-trois	53	LIII.
cinquante-quatre	54	LIV.
cinquante-cinq	55	LV.
cinquante-six	56	LVI.

	Arabes.	Romains.
cinquante-sept	57	LVII.
cinquante-huit	58	LVIII.
cinquante-neuf	59	LIX.
soixante	60	LX.
soixante-un	61	LXI.
soixante-deux	62	LXII.
soixante-trois	63	LXIII.
soixante-quatre	64	LXIV.
soixante-cinq	65	LXV.
soixante-six	66	LXVI.
soixante-sept	67	LXVII.
soixante-huit	68	LXVIII.
soixante-neuf	69	LXIX.
soixante-dix	70	LXX.
soixante-onze.	71	LXXI.
soixante-douze	72	LXXII.
soixante-treize	73	LXXIII.
soixante-quatorze	74	LXXIV.
soixante-quinze	75	LXXV.
soixante-seize	76	LXXVI.
soixante-dix-sept	77	LXXVII.
soixante-dix-huit	78	LXXVIII.
soixante-dix-neuf	79	LXXIX.
quatre-vingt	80	LXXX.
quatre-vingt-un	81	LXXXI.
quatre-vingt-deux	82	LXXXII.
quatre-vingt-trois	83	LXXXIII.
quatre-vingt-quatre	84	LXXXIV.

	Arabes.	*Romains.*
quatre-vingt-cinq	85	LXXXV.
quatre-vingt-six	86	LXXXVI.
quatre-vingt-sept	87	LXXXVII.
quatre-vingt-huit	88	LXXXVIII.
quatre-vingt-neuf	89	LXXXIX.
quatre-vingt-dix	90	XC.
quatre-vingt-onze	91	XCI.
quatre-vingt-douze	92	XCII.
quatre-vingt-treize	93	XCIII.
quatre-vingt-quatorze	94	XCIV.
quatre-vingt-quinze	95	XCV.
quatre-vingt-seize	96	XCVI.
quatre-vingt-dix-sept	97	XCVII.
quatre-vingt-dix-huit	98	XCVIII.
quatre-vingt-dix-neuf	99	XCIX.
cent	100	C.
deux cents	200	CC.
trois cents	300	CCC.
quatre cents	400	CCCC.
cinq cents	500	D.
six cents	600	DC.
sept cents	700	DCC.
huit cents	800	DCCC.
neuf cents	900	DCCCC.
mille	1000	M.

PENSÉES

PROPRES A SERVIR D'EXEMPLES D'ÉCRITURE.

Adore un Dieu, sois juste, et chéris ta patrie.

Un élève sans mœurs, est un arbre sans fruit.

Faisons ce qu'on doit faire, et non pas ce qu'on fait.

On vous juge d'abord par ceux que vous voyez.

Dans un vase infecté, le meilleur vin s'aigrit.

Avant que d'entreprendre,
il faut considérer.

Qui commence le mieux, ne
fait rien s'il n'achève.

Le Sage est ménager du
temps et des paroles.

Patience et succès marchent
toujours ensemble.

Un Savant doute, cherche;
un ignorant sait tout.

Soyez humble et modeste au
milieu des succès.

Aimons en

reconnaissant

Combien

Dieu, auteur

de toutes

Choses

Vous ne connaissez pas en quoi consiste la vraie félicité sur la terre.

FIN.

On trouve chez les mêmes Libraires les Ouvrages suivans :

MAGASIN DES ENFANS, ou Dialogue d'une sage Gouvernante avec ses Elèves ; par Mme Leprince de Beaumont ; 4 parties in-12.

MAGASIN DES ADOLESCENTES, ou Dialogue entre une sage Gouvernante et plusieurs de ses Elèves, par Mme Leprince de Beaumont ; 4 parties in-12.

VIE ET AVENTURES SURPRENANTES DE ROBINSON CRUZOÉ ; 4 parties in-12, ornées de 4 gravures en taille-douce.

MENTOR DES ENFANS ET DES ADOLESCENS, ou Maximes, Traits d'histoire et Fables en vers, propres à former l'esprit et le cœur de la jeunesse, par l'abbé Reyre ; 1 vol. in-12, orné de 6 jolies gravures en taille-douce.

MORALE (la) EN ACTION, ou Elite de Faits mémorables et d'Anecdoctes instructives, propres à faire aimer la vertu et former les jeunes gens dans l'art de la narration ; 1 vol. in-12.

— La même ; 1 vol. in-12, orné de 4 grav. en taille-douce.

MANUEL DE LA JEUNESSE FRANÇAISE, suite de la morale en action, ou Elite de Faits mémorables et d'Anecdotes instructives, propres à faire aimer la vertu et à former les jeunes gens dans l'art de la narration, ouvrage utile à MM. les élèves des collèges et autres maisons d'éducation ; 1 vol. in-12.

FABULISTE DES ENFANS ET DES ADOLESCENS, ou Fables nouvelles pour servir à l'instruction et à l'amusement de la jeunesse, avec des notes propres à en faciliter l'intelligence, suivi du Temple de l'honneur ; par l'abbé Reyre ; 1 vol. in-12, bonne édition, ornée de 3 gravures en taille-douce, d'une exécution soignée.

FABLES DE FLORIAN, suivies du poème de Tobie, et de l'églogue de Ruth ; 1 vol. in-18.

FABLES DE LAFONTAINE, avec des notes choisies ; 1 vol. in-18, bonne édition, très-correcte.

HISTOIRES ÉDIFIANTES ET CURIEUSES, tirées des meilleurs auteurs, avec des réflexions morales sur les différens sujets, par l'abbé Baudrand ; 1 vol. in-24.

HISTOIRES ET PARABOLES DU PÈRE BONAVENTURE ; 1 vol. in-18.

HISTOIRES (Suite des) ET PARABOLES DU P. BONAVENTURE GIRAUDEAU ; par l'auteur du Catéchisme pratique ; 1 vol. in-12.

HISTOIRE DE THÉODOSE-LE-GRAND pour Mgr. le Dauphin, par Fléchier ; 1 vol. in-12, bonne édition.